AF370040

NOTICE

DES

ESTAMPES ET DESSINS

Anciens et Modernes

PROVENANT DE LA

Collection de feu M. GEORGES MAUBAN

DONT LA VENTE AUX ENCHÈRES PUBLIQUES AURA LIEU

HOTEL DROUOT — SALLE N° 2

Les Lundi 29 et Mardi 30 Mars 1909

A DEUX HEURES

———

Par le Ministère de Me ANDRÉ, Commissaire-Priseur

PARIS — 3, Rue de La Boëtie, 3 — PARIS

Assisté de MM. A. GEOFFROY Frères, Marchands d'Estampes

PARIS — 5, Rue Blanche, 5 — PARIS

———

EXPOSITION PUBLIQUE :

Dimanche 28 Mars, de 2 heures à 5 h. 1/2

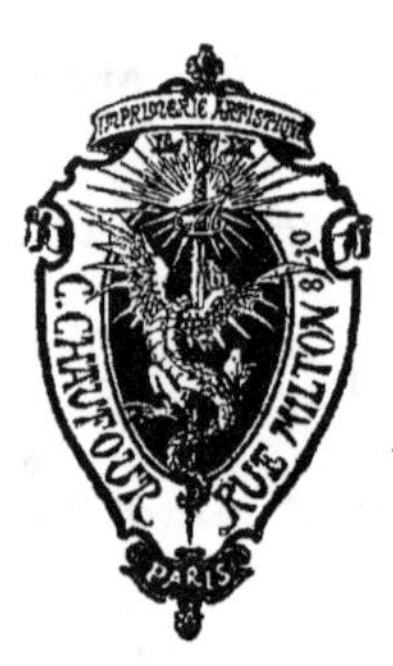

CONDITIONS DE LA VENTE

Elle sera faite au comptant.

Les acquéreurs paieront *dix pour cent* en sus des enchères.

L'Expert se réserve la faculté de rassembler ou de diviser les lots, et remplira, aux conditions d'usage, les commissions que voudront bien lui confier MM. les Amateurs.

ORDRE DES VACATIONS

Lundi 29 mars 1909. — Estampes et Dessins catalogués — Nos 1 à 145

Mardi 30 mars 1909. — Estampes et Dessins en lots — Nos 75 et 146

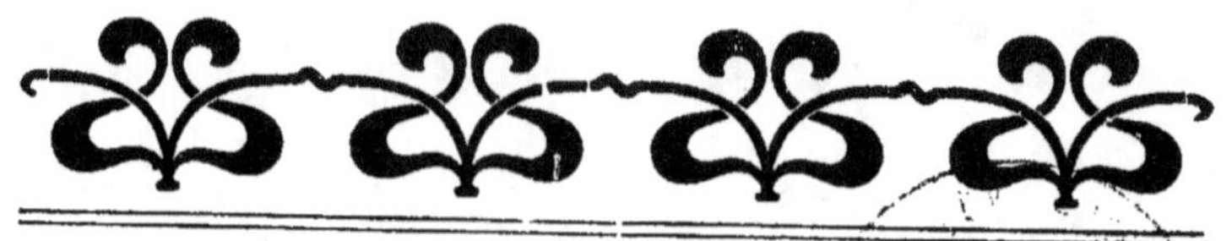

DÉSIGNATION

ESTAMPES

1 — BACLER D'ALBE. Vues de Paris et environs. Suite de 48 lithographies. Toutes marges.

2 — BEAUVARLET. La Lecture espagnole. — La Conversation espagnole. Pendants in-folio. D'après VAN LOO. La première est avant la lettre.

3 — BEAUVARLET. La Sultane. — La Confidence. Pendants in-folio. D'après VAN LOO. La seconde pièce est avant la lettre.

4 — BEAUVARLET. Histoire d'Esther. D'après DE TROY. Sept pièces grand in-folio.

5 — BOUCHER. Le Départ du Courrier. — L'Arrivée du Courrier. Pendants gravés par BEAUVARLET. Avant la lettre. Encadrées.

6 — BRACQUEMOND. Cour de ferme. D'après MILLET. Signée du graveur. Encadrée.

7 — BRACQUEMOND. La Rixe. D'après MEISSONIER (Béraldi 349). Épreuve signée des artistes. Encadrée.

8 — CALLOT. Les Misères de la Guerre. Suite complète de 18 pièces, avec les vers et le numéro.

9 — LES CAMPION. Vues de Paris. Quarante pièces rondes imprimées en couleurs. En deux cadres.

10 — LES CAMPION. Vues de Paris. Médaillons ronds imprimés en couleurs. Gr. par SERGENT, TES-TARD, etc. Environ 30 pièces.

11 — CHAHINE (Edgar). Eaux-fortes originales. Signées. Cinq pièces, dont une en couleurs.

12 — CHAPUY. Vue perspective du Champ de Mars, jour du Serment civique prononcé par la Nation française assemblée à Paris, le 14 juillet 1790. D'après LE ROY. Imprimé en couleurs. In-folio.

13 — CHEVILLET. La Santé portée. — La Santé rendue. Pendants in-folio. D'après TERBURG. Marges.

14 — COCHIN (C.-N.). Décoration du Bal masqué pour le Mariage du Dauphin. — Illumination et feu d'artifice pour la Naissance du duc de Bourgogne. Deux pièces grand in-folio. Toutes marges.

15 — COCHIN (C.-N.). Décoration de la salle de spectacle. — Décoration du Bal paré à l'occasion du mariage du Dauphin à Versailles, 1745. Pendants in-folio à toutes marges.

16 — DAULLÉ. Portrait de Claude Deshaye Gendron (oculiste). D'après H. RIGAUD. Avant la lettre.

17 — DE LAUNAY. Les Adieux de la nourrice. D'après AUBRY. In-folio. Avant la dédicace. Toutes marges.

18 — De LAUNAY. L'Heureuse fécondité. — Le Petit prédicateur. — La Gaieté conjugale. D'après FRAGONARD et FREUDEBERG. Trois pièces petit in-folio. Marges.

19 — DESCOURTIS. Paul et Virginie. D'après SCHALL. Suite de quatre pièces imprimées en couleurs. In-folio. Avant la lettre.

20 — DREVET. Portraits de Bossuet, cardinal Dubois, marquis de Dangeau, Claude Le Blanc, Henry Oswald cardinal d'Auvergne, Denys de Sainte-Marthe, Hyacinthe Rigaud. Sept pièces.

21 — ECOLE FRANÇAISE. La Maman. — Vénus et Adonis. — Les Adieux de Catin. — Le Testament de La Tulipe. — L'Expérience sur l'électricité. Six pièces de BEAUVARLET, GREUZE, etc.

22 — ECOLE FRANÇAISE. Le Bon exemple, par CHE-VILLET. — L'Exemple des mères, par JEAURAT. — L'Amour maternel, par CHEVILLET. — Réjouissances publiques, par BOILLY, etc. Sept pièces.

23 — ECOLE FRANÇAISE. L'Esclave heureux. — Batailles d'Alexandre. — Herminie et le berger. — Clorinde et Tancrède. — Hippolyte de la Tude Clairon. — Borée et Orythie. Sept pièces, dont trois avant la lettre.

24 — EDELINCK. Israël Silvestre (vue de Paris au bas). — Messire Jean Rouillé. Portraits in-folio. Deux pièces.

25 — FORSTER. François Ier et Charles-Quint à Saint-Denis. D'après GROS. Encadrée.

26 — FRAGONARD (D'après). Le Baiser à la dérobée. Gravé par REGNAULT. In-folio. Petites marges.

27 — GAILLARD (F.). Dom Prosper Guéranger. Très belle épreuve sur Chine. Tirée sur grand papier.

28 — GAILLARD (F.). Pie IX. — Léon XIII. Sur Chine. Deux pièces.

29 — Les mêmes estampes. Egalement sur Chine.

30 — GAILLARD (F.). Saint Georges. Très belle épreuve avant toutes lettres sur Chine. Signée.

31 — La même estampe avec la lettre. Sur Chine. Signée.

32 — GAILLARD (F.). Les Pèlerins d'Emmaüs. D'après REMBRANDT. Grand in-folio sur Chine. Deux épreuves.

33 — GAILLARD (F.). Saint Sébastien. Avant la lettre et la signature du graveur. Sur Chine.

34 — GAILLARD (F.). La Joconde. D'après LÉONARD DE VINCI. Planche inachevée. Epreuve sur Chine.

35 — GAILLARD (F.). Mgr Billard, évêque de Carcassonne. — Jean Bellin. — Académie d'homme. Trois pièces.

36 — GAILLARD (F.). La Vierge et l'Enfant Jésus. D'après BOTTICELLI (Béraldi 29). Avant la lettre, sur Chine. Signée du graveur. Encadrée.

37 — GAUTIER (Lucien). Vue à Venise. Eau-forte in-folio sur Japon. Avec remarque. Signée.

38 — GAUTIER (Lucien). Vue de Notre-Dame de Paris. Eau-forte in-folio sur Japon. Avec remarque. Signée.

39 — GAUTIER (Lucien). Le Palais de Justice. Eau-forte in-folio sur Japon. Signée.

40 — GAUTIER (Lucien). Rentrée du troupeau. D'après CHARLES JACQUE. Epreuve avec remarque. Signée des artistes. Encadrée.

41 — GAUTIER (Lucien). Les Moutons à la bergerie. D'après CHARLES JACQUE. Epreuve d'artiste avec remarque. Signée de CH. JACQUE. Encadrée.

42 — GODEFROY. Austerlitz. D'après GÉRARD. Epreuve de souscription. Avant la lettre. Encadrée.

43 — GUYOT. La Tour du Temple et la Rotonde. — Décoration et illumination faites sur le terrain de la Bastille, 14 juillet 1790. Deux petites pièces imprimées en couleurs.

44 — HELLEU. Portrait de jeune femme en chapeau. Pointe sèche en couleurs. Signée.

45 — HELLEU. Jeune femme lisant. — Etude de têtes. Deux pièces in-folio. En couleurs. Signées.

46 — HELLEU. Femmes et enfants. Pointes sèches. Six pièces. Signées.

47 — HOFFMANN. Gardes-Françaises. Onze pièces coloriées. Encadrées.

48 — HUET (D'après J.-B.). L'Amour offrant des présents à Ariane. Gravé par BONNET. Imprimé en couleurs. Sans marges.

49 — JACQUET (Achille). La Passion. Tryptique. D'après MANTEGNA. Epreuve sur satin. Encadrée.

L'une des trois épreuves tirées avec le titre du milieu seulement, sur satin, avec la signature de l'artiste. Exécutée en vue de l'Exposition de 1900.

50 — Janinet et Chapuis. Vues de Paris. In-quarto
en noir et en couleurs. Environ trente pièces.

51 — Lancret (D'après). Le Philosophe marié.
Gravé par C. Dupuis. In-folio.

52 — La Tour et H. Rigaud (D'après). Portraits
de Paris de Montmartel, par Cathelin, et de
Samuel Bernard, par Drevet. Deux pièces grand
in-folio.

53 — Le Mire. La Crainte. D'après Le Prince. In-
folio. Marges.

54 — Lespinasse (Le Chevalier de). Vues de Paris.
Gravées par Berthault. Trois pièces. Encadrées.

55 — Longueil (de). Les Modèles. D'après Le
Prince. — L'Offrande à Saint-Nicolas. Deux
pièces in-folio. Avant la lettre. Marges.

56 — Longueil (de). Vue du Déceintrement du Pont
de Neuilly, 1772. D'après Eustache de Saint-
Far. Grand in-folio. Deux épreuves, dont une
du premier état avec l'encadrement.

57 — Méryon. La Pompe Notre-Dame. — La Tour
de l'Horloge, etc. Quatre pièces dont trois tirées
de l'*Artiste*.

58 — Moreau-le-jeune. Serment de Louis XVI à
son Sacre, 1775. Grand in-folio. Toutes marges.

59 — Moreau (Gustave). L'Apparition. Gravé par
E. Sulpis. Epreuve sur satin. Signée du graveur. Encadrée.

60 — Nanteuil. Lefèvre d'Ormesson. — Bochart,
abbé de Champigny. Portraits in-folio. Deux
pièces.

61 — NATTIER (D'APRÈS). Madame de*** en Flore. —
Marie-Louise-Thérèse-Victoire de France (L'Eau).
Deux portraits in-folio. Gravés par VOYEZ et
GAILLARD.

62 — RAFFET. Retraite et Prise de Constantine.
Album de 18 lithographies avec les titres.

63 — RAFFET. Combat d'Oued-Alleg. — Le Colonel
du 17e Léger. Deux lithographies originales.

64 — RAFFET. Souvenirs d'Italie. Expédition de
Rome. Suite de 36 pièces sur Chine, avec la
couverture.

65 — RAFFET. Souvenir de Santicios. — Catalans.
— Regnault de Saint-Jean-d'Angély. — Gardes
consulaires. — Pièces d'albums, etc. Environ
5o pièces.

66 — RIGAUD (D'APRÈS J.-B.). Vue et perspective du
château de Grosbois. Gravé par Lépicié, 1735.
Grand in-folio. Marges.

67 — SCHMIDT (G.-F.). Pierre Mignard, peintre. —
Carolus (Saint-Albin) archiepiscopus dux Came-
racensis. Deux portraits in-folio. Gravés d'après
HYAC. RIGAUD.

68 — SILVESTRE (Isr.) et PÉRELLE. Vues de Paris et
environs. Réunion d'environ 200 pièces.

69 — SMITH (J.-R.). A Lady and her Children relie-
ving a Cottager. D'après BIGG. A la manière
noire. Epreuve à la lettre ouverte. Encadrée.

70 — VIGÉE-LE-BRUN (D'APRÈS Mme). La Paix qui
ramène l'Abondance. — L'Innocence se réfugiant
dans les bras de la Justice. Pendants in-folio.
Gravés par VIEL et BARTOLOZZI.

71 — VUES. Château de Madrid et Pavillon de Bagatelle. — Expériences aérostatiques du château de la Muette et des Tuileries. — Intérieur de l'Hôtel des Monnaies. — Le May des Gobelins. — Le Port au Blé. — Vue des Eaux de Brunoy. Ensemble huit pièces.

72 — VUES DE PARIS. La Fontaine des Innocents. — Projet d'un Palais de Législature. — Pompe Notre-Dame. — Exposition des Produits de l'Industrie au Louvre. — Le Roi arrivant de Varennes. Cinq pièces en noir et en couleurs.

73 — VUES DE PARIS. Le Palais-Royal. En couleurs. — Perspective, par Isr. SILVESTRE. — Place Vendôme, par ZIX. — Cortège de Napoléon Ier devant le Palais du Tribunat, etc. Neuf pièces.

74 — WATTEAU (D'APRÈS). L'Amour au Théâtre-François. — L'Amour au Théâtre-Italien. Pendants in-folio. Gravés par C.-N. COCHIN.

75 — Sous ce Numéro il sera vendu une grande quantité de GRAVURES EN LOTS.

DESSINS

76 — ANDRIEUX. Lancier de la Garde en faction. A la mine de plomb. Cachet de la vente.

77 — ANDRIEUX. L'Ambulance au Palais de l'Industrie. Crayon et aquarelle. Signé et daté, 1871. Encadrée.

78 — BEAUMONT (Edouard de). Bacchanale. Nymphe et Satyre. Sujet d'enfants. Aquarelle. Signée. Encadrée.

79 — BELLANGE (Hippolyte). L'Assaut (Guerre de Crimée). Crayons de couleurs. Signé des initiales. Encadré.

80 — BÉRARD (Ev. de). Vue de l'île Saint-Hélène. Aquarelle. Signée.

81 — BERCHÈRE (N.). Le Tombeau. Notre-Dame d'Etampes. Aquarelle. Signée. Encadrée.

82 — BIBIENA. Décoration théâtrale. Plume et lavis. Encadré.

83 — BIDA. Types d'Orientales. A la pierre noire. Signé de l'initiale.

84 — BLATTER (V.). Vues de Paris. La Débâcle. La Bièvre. Vue générale. Trois aquarelles. Signées.

85 — BLATTER (V.). Vues de Paris. La Seine et les quais. Trois aquarelles. Signées.

86 — BOISSIEU (J.-J. de). Petit port d'Italie. Plume, lavis et rehauts. Signé des initiales. Encadré.

87 — CHARLET. Sous bois, effet d'automne. Aquarelle. Signée. Encadrée.

88 — COCHIN. Portrait de J.-F. Beauvarlet, graveur. À la mine de plomb. Daté 1766. Médaillon. Encadré.

89 — COIGNET (J.). Vue d'Orient. Aquarelle. Signée. Encadrée.

90 — CONDAMY (DE). Sujets de chasse. Deux aquarelles faisant pendants. Signées. Encadrées.

91 — COROT. Tivoli. Vue sur une hauteur, 11 juin 1850. Plume et lavis. Encadré.

92 — Courboin (Eug.). Ronde de soldats, effet de nuit. Dessin pour illustration. A la pierre noire. Signé.

93 — Déneux (Gabriel). Le Pont-Neuf. — Quai d'Orsay (inondation de janvier 1883). Deux aquarelles. Signées. Encadrées.

94 — Djinn. La Boite de Pandore. — Scène d'élection. Deux dessins. Plume et pierre noire. Un est signé.

95 — Doré (Gustave). Les Plaisirs du Boulevard. Plume et lavis. Signé. Encadré.

96 — Ecole Française du XVIIIe siècle. Dessin d'architecture. Projet pour une place publique. Aquarelle.

97 — Ecole Française du XVIIIe siècle. Etudes de femmes. Quatre dessins. Sanguine et pierre noire.

98 — Ecole Française. Place de la Concorde, angle de la rue Boissy-d'Anglas. Aquarelle. — Travaux pour les piédestaux des statues de la place de la Concorde, 28 juillet 1837. Mine de plomb et rehauts. Deux pièces intéressantes. Encadrées.

99 — Flandrin (Paul). Démocrite et les Abdéritains. Crayon noir. Signé et daté 1867. Encadré.

100 — Français. Le Pêcheur à la ligne. Plume et lavis. Signé. Encadré.

101 — Francia (Francesco). Son portrait par lui-même. A la plume. Note au verso.

102 — Fromentin (Eugène). Arabe à genoux. Mine de plomb. Cachet de la vente de l'artiste. Encadré.

103 — GAVARNI. Le Turban. — Le Rubis. Dessins pour *Perles et Parures*. Mine de plomb et aquarelle. Signés. Encadrés.

104 — GAVARNI. L'Oiseau de passage. Crayon noir avec rehauts. Signé. Encadré.

105 — GAVARNI. Gulliver. Aquarelle. Signée. Encadrée.

106. — GENGEMBRE (Z.) La Halte. Arabes du désert. Aquarelle. Signée.

107 — GERBAULT (H.). Femme couchée. Plume et lavis. Signé. Encadré.

108 — GERBAULT (H.). Feuille de croquis. A la plume. Signé.

109 — GIACOMELLI (H.). Conseil tenu par les rats. Lavis et rehauts de blanc, sur papier bleu. Signé. Encadré.

110 — GIRARDET (H.), d'après MADRAZO. La Bonne aventure. Aquarelle. Signée.

111 — GUILLAUME (Alb.). Un Faux-col. Six sujets à la feuille. Plume st rehauts. Signé.

112 — ISABEY (Eugène). Marine. Plume et lavis. Signé.

113 — JANET-LANGE. Exécution des otages, 1871. A la mine de plomb.

114 — LAMI (Eugène). Hussard. Aquarelle. Signée des initiales. Encadrée.

115 — LAMI (Eugène). Hussard, 1830. A la mine de plomb. De la vente de l'artiste.

116 — LANÇON (A.). Etudes d'animaux. Chiens, ours, cheval mort. Six dessins à la plume. Signés.

117 — LE BAS. Soldat couché. A la pierre noire. Signé et daté : Meudon, 19 mai 1748.

118 — LALAISSE (Hippolyte). Batterie d'artillerie montant dans la neige. Crayon noir avec rehauts. Signé. Encadré.

119 — LE BAS (Hippolyte). Sous bois. Aquarelle. Signée. Encadrée.

120 — LEHMANN (R.). Portrait de Mlle Louise Cheuvreux. Florence, 4 mai 1845. Crayon et rehauts. Signature et dédicace.

121 — MALBESTE (G.). Homme couché. Crayon et sépia. Signé et daté 1792. Encadré.

122 — MARIE (Adrien). Murciens. Dessin d'illustration. A la plume. Signé et daté 1879.

123 — MEISSONIER. Croquis. Hommes couchés. Deux dessins à la mine de plomb. Signés des initiales. Cachet de la vente de l'artiste. Encadrés.

124 — MEISSONIER. Koubra, lévrier russe à long poil. Dessin rehaussé de gouache. Signé des initiales. Cachet de la vente. Encadré.

125 — MONNIER (Henry). Grenadier. Aquarelle. Signée et datée : Orléans, 1833. Encadrée.

126 — MORIN (Edmond). Les Régates. Aquarelle recto et verso. Signée. Encadrée.

127 — MOUTON. Beauvais. Place du Marché. Aquarelle. Signée.

128 — MUCHA. La grande sœur. Encre de Chine et rehauts. Signé. Encadré.

129 — NICOLLE. Vue intérieure de l'église de Bonneval, entre Chartres et Chateaudun. Aquarelle. Signée.

130 — NICOLLE. Vue de Naples. Aquarelle. Encadrée.

131 — ORSEL (V.). Jeunes femmes. Etudes. Six dessins à la mine de plomb.

132 — PILS. Caisson d'artillerie. Type d'artilleur. Deux dessins à la mine de plomb. Cachets.

133 — POTERLET. Feuilles de croquis, garde nationale d'Epernay. Trois dessins à la mine de plomb. Signés.

134 — RAFFET. Port de mer. Aquarelle. Cachet de San Donato. Encadrée.

135 — ROBECCHI. Venise. Vue d'ensemble. Aquarelle esquissée.

136 — SEBRON (H.). Saint-Jean-les-Rois à Tolède. Intérieur de la cathédrale. Aquarelle. Signée et datée, 1845.

137 — SISLEY. Vue des bords de la Seine. Usine. A la plume. Signé.

138 — SOMM (Henri). Servante d'auberge. — Le travail des Chinois à l'Exposition de 1878. Aquarelle et plume. Deux dessins. Signés.

139 — STEINLEN. Les enfants aux Tuileries. — Feuille de croquis. Deux dessins, plume et crayon bleu. Le premier signé.

140 — STEINLEN. Fils de ses œuvres. Crayon noir et rehauts. Signé.

141 — SWEBACH-DESFONTAINES. Bombardement de Lille en 1792. Plume et lavis. Encadré.

142 — VALÉRIO. Vue d'Italie. Mine de plomb et rehauts. Cachet de la vente.

143 — VIDAL (Pierre). Sur la terrasse. Aquarelle. Signée.

144 — VIOLLET-LEDUC. Paysage d'Orient. Aquarelle. Signée. Encadrée.

145 — VOGELIN (J.-H.). Dessin d'architecture. Intérieur d'une galerie. Plume et sépia. Signé et daté, 1777.

146 — Sous ce Numéro seront vendus de nombreux DESSINS encadrés ou en feuilles, que le temps ne nous a pas permis de cataloguer.

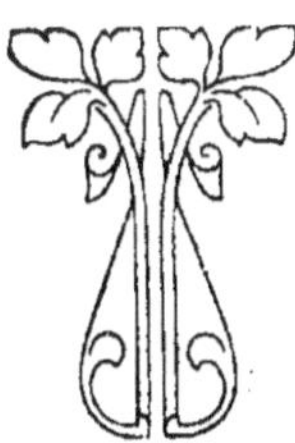